AF224037

CRITIQUE

D'UNE

CRITIQUE

A propos d'un article de M. le docteur H. FAVRE

Rédacteur en chef de *la France médicale*

INTITULÉ

LES CONFESSIONS D'UN MÉDECIN NÉVROSÉ

PAR

ÉMILE LARIVIÈRE

Ne jugez pas, afin de ne pas être jugé
vous-même.   J.-C.

Extrait du journal L'ÉCHO DES PROVINCES

PARIS

IMPRIMERIE JOUAUST

RUE SAINT-HONORÉ, 338

1865

CRITIQUE D'UNE CRITIQUE

A propos d'un article de M. le docteur H. FAVRE

Rédacteur en chef de *la France médicale*

INTITULÉ

LES CONFESSIONS D'UN MÉDECIN NÉVROSÉ

Ne jugez pas, afin de ne pas être jugé vous-même.

J.-C.

Un livre avait paru, livre monumental, tableau complet et fidèle des souffrances morales et physiques de son auteur, livre qui joignait à tout l'attrait des *Confessions* de J.-J. Rousseau, comme perfection de style, comme imprévu et nouveauté des situations, le charme sévère d'une œuvre à la fois philosophique et médicale.

Ce livre, intitulé : *Testament médical, philosophique et littéraire* (1) du docteur Dumont (de Monteux), et publié par les soins et sous les auspices d'une commission composée de nos sommités médicales, est destiné non-seulement aux médecins et aux hommes de lettres, mais encore à toutes les personnes éclairées qui souffrent d'une manière occulte. Il avait été accueilli avec empressement par tous ; des comptes rendus variés, empreints des marques d'une profonde estime pour son auteur autant que d'appréciations de l'œuvre aussi sin-

(1) Paris, Adrien Delahaye, libraire-éditeur, place de l'École-de-Médecine. — 1865.

cères que méritées, avaient paru dans un grand nombre
de journaux de Paris et des départements. — Le livre
valait bien cet accueil.

— « Au résumé, et pour nous servir de l'apprécia-
tion de Mme Anaïs Ségalas dans le *Journal pour toutes*,
l'ouvrage tient beaucoup plus qu'il ne promet aux gens
du monde, et ils auraient grand tort de s'effrayer de ce
titre : *Testament médical*. — Je ne vous dirai pas, sui-
vant la pensée du même auteur, que M. le docteur Dumont nous dore les pilules ; c'est tout le contraire :
l'enveloppe, en effet, fait craindre un peu d'amertume,
mais la saveur est toute en dedans. « On se demande
s'il tient une plume ou un scalpel, si c'est un médecin
ou un romancier : les médecins le réclament pour un
des leurs, et nous le reconnaissons pour un des nôtres. »

Et, après avoir lu avec autant de charme que d'intérêt
le *Testament* du docteur Dumont et les impressions de
la critique, nous nous applaudissions de voir enfin un
bon ouvrage apprécié à toute sa valeur.

Le docteur Dumont pouvait enfin entonner son *Nunc
dimittis*. Mais il comptait alors sans M. H. Favre. Il lui
manquait un zoïle ; ce zoïle, nous l'avons, ma foi,
rencontré en parcourant dans le numéro du 10 mai
dernier de *la France médicale* l'article intitulé : Les
Confessions d'un médecin névrosé.

Nous avons lu cet article, alléché par le titre autant
que par la signature : — le docteur H. Favre. — Un
docteur commenté, jugé par un autre docteur, — et
dans *la France médicale* encore ! — quelle friandise !...
Mais aussi quelle déception, hélas ! de la première ligne
à la dernière !...

Quittez donc cette serpe, instrument de dommage !...

Dès les premiers mots, en effet, M. Favre ne se

donne même pas la peine de pallier tant soit peu sa mauvaise humeur à l'aspect d'un si gros livre, et il dit: *Confessions*, au lieu de *Testament*. Pourquoi? Nous allons vous le faire comprendre. La confession suppose évidemment à ses yeux le mal, et conséquemment un grand repentir de l'avoir commis. Aussi M. Favre s'écrie avec une onction de moraliste désappointé : — « Nous n'avons qu'à nous demander ce qui résulte d'intéressant de ce minutieux exposé des confessions d'un médecin *névrosé*, c'est ainsi que se qualifie lui-même le plus convaincu des testateurs dont il nous ait été donné de parcourir l'examen de conscience, sans y trouver la moindre trace de *mea culpa*. »

M. Favre cherchait un piège, il a cru l'avoir trouvé, et c'est ainsi qu'il l'a tendu. N'admirez-vous pas cet artifice ?

Fort bien, monsieur, le livre de votre confrère ne vous a pas intéressé, — c'est une affaire de goût, — du moins nous voudrions l'admettre; mais pourquoi voulez-vous qu'il fasse son *mea culpa* ?

Le docteur ne s'est point confessé : il a légué à ses contemporains, à l'avenir, ce qu'il avait acquis fatalement en physiologie, par l'épreuve et par la pensée autant que par l'étude. Il a fait son possible pour être exact et complet. — Quel a été son but ? Il nous l'explique lui-même : — « Les Confessions de Jean-Jacques, dit-il, ont donné de la valeur aux souffrances. (Il y a valeur et valeur, monsieur Favre : il y a valeur qui s'apprécie et valeur qui s'énumère. Vous préférez la dernière, probablement.) Puisse cette odyssée avoir un pareil résultat ! Décrire un martyre oublié par les historiens et les panégyristes, le répercuter dans la conscience d'autrui, c'est un mérite qui le dispute à bien d'autres... Oh ! combien je serais fier de l'avoir obtenu !... »

— « Ce drame, dit M. le docteur Théodore Perrin, date de la première invasion du choléra indien dans notre patrie. M. Dumont débutait alors dans la carrière médicale, aux environs de Meaux, contrée de la Brie désignée par la statistique comme l'une des plus éprouvées par le fléau. Si le dévouement qu'il déploya dans cette terrible circonstance éleva son énergie, les fatigues extrêmes, continuelles, qu'il subit dans un tel milieu, transformèrent si fort sa constitution, qu'elle perdit à tout jamais son intégrité congénitale. »

Il est tombé, fatalement blessé, nul ne l'ignore, sur la brèche de l'honneur et du dévouement professionnels. Il devait apparemment en faire son *mea culpa* dans ses *Confessions ?*

Mais, monsieur Favre, avez-vous oublié ces vers du poëte :

> Lorsque la mort planait sur sa belle patrie,
> Belzunce à son devoir sacrifiait sa vie :
> Le médecin français se dévoue en tous lieux !... (1)

Si telle n'est pas votre manière de voir, monsieur, nous ne pouvons que le regretter, et vous nous permettrez de penser, avec le préfet d'alors du département de Seine-et-Marne, que le docteur Dumont venait de se montrer digne de porter le ruban de la Légion d'honneur que, grâce aux événements..., il attend encore.....

Le *mea culpa* du docteur Dumont !... — « Jusques à

(1) Au moment de mettre cette brochure sous presse, nous apprenons que M. Favre part pour Alexandrie, dans le but de combattre l'épidémie cholérique qui sévit en ce moment dans toute l'Égypte.

Nous nous estimons heureux de pouvoir constater cet acte.

quand, dit Job, affligerez-vous mon âme et me poursui-
vrez-vous de vos discours? Déjà dix fois vous m'avez
couvert d'ignominie et vous ne rougissez pas de me
traiter comme un insensé! Pourquoi vous élevez-vous
contre moi et m'accusez-vous de mes humiliations? »

C'est bien ainsi que pourrait parler le docteur Dumont!... Mais, monsieur, avez-vous ou non lu ce livre?
Car vous peignez le docteur à votre guise, — « cette
physionomie morbide, dites-vous en dissertant, et qui
déroule le panorama curieux de la profession médicale
depuis la libérale explosion de 1830 jusqu'à la cristal-
lisation associatrice de ces temps derniers. » Vous le
représentez comme un simple martyr qui déplore ses
souffrances, et c'est un lion blessé qui rugit quelque-
fois, et c'est surtout un père et un maître qui enseigne
et qui console! Et vous citez comme exemple du con-
tenu du volume que vous incriminez un passage unique
en ce genre, vous vous empressez de le détacher, et cela
pour vous en montrer scandalisé! Vous accusez le docteur « de disserter pathologie en plein vent, » et vous
déclarez carrément que « sa symptomatologie arrive
à être tellement scabreuse qu'il faudrait passer au musée
secret pour que la science et la pudeur ne fussent pas
exposées à entrer en conflit. »

En vérité, monsieur Favre? Il y a cependant des
dames très-honorables et d'une exquise délicatesse
parmi les lecteurs du docteur; aucune d'elles ne s'est
plainte et n'a accusé le *Testament* de renfermer des in-
convenances de style...

Que j'en connais de ces gens-là qui crient si fort
au scandale!... « Scribes et pharisiens hypocrites, di-
sait Jésus, qui purifiez le dehors de la coupe et du vase,
pendant qu'au dedans vous êtes pleins de souillures! »

Pourquoi M. Favre a-t-il si laborieusement tendu ce

piége ? Nous allons faire répondre d'abord à M. Favre par M. Favre lui-même. Il se demande « quelle est la cause de cet ample volume et la raison plausible de son utilité » (lignes 3, 4 et 5 de son article). Le docteur nous l'avait dit à tous, comme on a vu ci-dessus. Faut-il supposer que M. Favre n'avait pas lu ou avait oublié ?... C'est peu admissible, car il avoue, dans le dernier alinéa de sondit article : — « Somme toute, l'œuvre est étrange, Puisqu'elle existe, il faut en profiter. Les souffrances écrasantes dont M. Dumont a été victime, il les signale à chacun avec une candeur presque trop naïve, mais il ne sera plus permis de ne les point tenir en sérieuse considération. »

L'aveu est précieux. — Nous passons sur la mauvaise grâce avec laquelle il est fait. Mais, monsieur, c'est tout ce que désirait le docteur Dumont ; il voulait que l'on crût à une *entorse au cerveau*, à un *déraillement intellectuel*, comme on croit à une entorse à la jambe, à un engorgement des ganglions. Vous n'y aviez pas cru, paraît-il, jusqu'à ce jour, vous qui, reçu médecin, pensez être juge compétent en fait d'ouvrage scientifique et littéraire, — et vous y croyez enfin, — grâce au docteur Dumont ! grâce à ce livre « qui n'est pas un nouveau livre, mais un *livre nouveau*, car il est un code de pitié, de solidarité confraternelle ! » Pourquoi donc traiter cet ouvrage de *tard venu* ? pourquoi donc écrire contre lui un article aussi acrimonieux ?

Pourquoi ? Vous nous en donnez la raison. Vous êtes, monsieur, du nombre de ces gens *inévangélisables* dont parle le docteur, qui « répudient le principe sacré de l'association, de la solidarité, qui le répudient parce que, croyant à la force de leurs reins contre l'adversité, ils proscrivent toute entreprise qui par rapport à eux-mêmes leur semble stérile. » Vous êtes de ceux qui apportèrent des entraves au projet du docteur pour la maison de retraite, au fonctionnement du Congrès médical, à la majestueuse pensée de vos confrères de la Gironde, etc. — Vous ne songez qu'à vous !

Faut-il que nous ajoutions que c'est moins le docteur et son livre que vous combattez que son idée d'association et les hommes remarquables qui se sont mis à la tête du courant de *sympathie universelle* et de *zoophilisme absolu qui est venu subitement envahir notre époque troublée?* — Votre article le *confesse* d'une manière transparente.

Que vous a répondu le docteur ?

— « En vous voyant, dans votre agression, essayer d'effleurer ceux qui, par leur talent et la considération méritée dont ils jouissent, sont bien au-dessus de vos attaques, je serais presque tenté de croire que j'ai été le prétexte, et que la jalousie qu'ils vous inspirent a été le mobile ; qu'ils ont été le but... »

— (Il ne voit pas mal clair, ce névrosé si myope, à la physionomie morbide !)

« L'impuissance rend acrimonieux et méchant, » ajoute-t-il.

— (C'est pourquoi vous analysez son livre sur un passage, vigoureux jouteur, profond moraliste.)

« Les hommes qui se sont faits les apôtres des préceptes de l'association, comme ceux qui sont à la tête des idées de protection et de compassion envers les êtres inférieurs, sont, je le répète, au-dessus de vos atteintes; car, qu'ils se nomment Amédée Latour ou Blatin, i's portent tous des noms aussi honorables que scientifiques. »

— (C'est ce qui vous a donné ces impatiences, monsieur Favre, ces démangeaisons irritantes.)

« Non, monsieur, termine le docteur, vous ne pourrez rien pour arrêter ou entraver le progrès dans les voies de l'humanité et de la civilisation. » — Nous l'espérons bien.

Nous ignorons si M. Favre a inséré dans son journal cette *réponse* du docteur, ainsi que celui-ci l'y invitait, ou s'il n'en a pas encore controuvé le texte, ainsi qu'il se l'était permis en citant le *Testament*, à la 3e colonne, 21e et 22e lignes, du numéro du 10 mai de *la France médicale*.

Quoi qu'il en soit, nous sommes assuré que l'article de M. Favre, loin de pouvoir nuire au Dr Dumont et à son livre, ne fera qu'ajouter à l'estime que l'on professe pour l'auteur et au succès de son œuvre. Ainsi, le 27 mai dernier, le Dr Dumont était vengé au sein de l'Académie royale de Belgique par le rapport que lui a fait un de ses membres, le Dr Fallot, interprète de la commission que ladite Académie avait nommée pour connaître de son ouvrage. En voici les conclusions : « Adresser de vives félicitations à l'auteur et le placer sur la liste des candidats au titre de membre correspondant ou de membre honoraire. » Et, si nous sommes bien informé, les Académies de Florence et de Madrid, entre autres, ne sont pas moins portées en sa faveur. Enfin, le 5 juin courant, la Société protectrice des animaux, siégeant à Paris, lui a décerné une médaille d'or en récompense de son *Testament*.

Si l'auteur, si le livre pouvait prêter à la critique, — M. Favre, un médecin, un journaliste, l'aurait discuté, disséqué d'une tout autre façon ; il aurait mis au jour un autre embryon que ces *Confessions d'un docteur névrosé*. Toutefois, si l'attaque peu loyale, peu confraternelle qui nous occupe ici devait avoir une seconde édition, nous donnons l'assurance au Dr Dumont que médecins et littérateurs seront toujours prêts à le défendre et à le venger, en même temps qu'à soutenir les principes d'honneur et de solidarité humaine auxquels il a tant sacrifié lui-même, et que quelques cœurs viciés lui reprocheraient avec un cynisme aussi révoltant.

Certes, celui qui a écrit et publié les lettres sur l'*état pathologique de Samuel Johnson*, sur le *supplicium neuricum*, sur la *dysgraphie cérébrale* ou *vertige littéraire*, sur le *projet d'établissement d'une maison de retraite pour les médecins de France*, sur le mot *hypocondrie*, sur les *souffrances auxquelles sont soumises les organisations névrosées*, etc., et qui, enfin, couronne sa vie militante par la publicité de son *Testament*, — celui-là, disons-nous, n'a nul besoin de notre plume pour se défendre s'il est attaqué, ou, disons mieux, s'il est discuté loyalement par ses confrères de la littérature ou de la médecine. — Mais si la calomnie (1), aujourd'hui bruit léger, *piano, piano*, espère devenir un *crescendo* public, un *chorus* universel de haine et de proscription, — c'est à nous qui avons le mensonge et l'injustice en horreur, c'est à nous qui sommes libre et indépendant de toute coterie, — de l'arrêter et de lui dire : — Halte! tu n'iras pas plus loin !

(1) Pourquoi tant de zèle et de condescendance, à propos d'un ouvrage qui suscite tant de réserve, touchant l'ordre de composition et les matériaux qui y sont accumulés? *Nous n'avons pas en main la clef du mystère.*

Le névrosé est à plaindre et à secourir au besoin ; mais sa sentimentalité vague *doit être scrupuleusement surveillée.*

Dr H. FAVRE.

www.ingramcontent.com/pod-product-compliance
Lightning Source LLC
Chambersburg PA
CBHW051303050726
47595CB00008B/3390